Magic Cooking

MATTHIAS F. MANGOLD

SAFTIG VOM GRILL

Mein Zauberkasten für mehr »magic cooking« auf dem Grill / 4

DIE REZEPTKAPITEL:

GANZ PUR
6

Grill-salabim! Purismus ist gerade beim Grillen oft die beste Wahl –
wenige gute Zutaten verwandeln sich ohne Schnickschnack
schnell und unkompliziert in wahre Aromenwunder.

GANZ KLASSISCH
24

Traditionell, aber doch neu und aufregend verzaubert:
Eine Prise Magie verhilft Fleischbällchen, Spießen und Co. zu
einem wahren »Facelifting«.

GANZ KREATIV
44

Wer nach zauberhaften Grillideen sucht, schaut am besten auch
mal über die Grenzen und lässt sich von asiatischen Würzkombis
oder feurigen Südamerika-Aromen inspirieren.

Register / 60
Autor und Fotograf / 62
Impressum / 64

Ein bisschen zaubern können ... mit **MAGIC COOKING** und vielen weiteren Features, die dich kreativ, schlau und glücklich machen: erfahre den Trick für zarte Rinderbrust vom Grill (s. Seite 12), komme dem Geschmacksgeheimnis vom spanischen Iberico-Schweinefleisch auf die Spur (s. Seite 18) und erfahre, wie Rouladen ihre Saftigkeit behalten (s. Seite 30).

GRILLMAGIE

★

Meine Grillzange ist mein Zauberstab!

Mit dem Wort »**ANGRILLEN**« als Auftakt einer Grillsaison kann ich rein gar nichts anfangen – bei mir wird **RUND UMS JAHR** gegrillt, egal ob Sommer oder Winter. Und zwar praktischerweise mit einem **GASGRILL**. Einfach anwerfen, ein paar Minuten warten, los geht's. Und dass es von einem Holzkohlegrill anders schmecken soll, ist ein reiner **MYTHOS**: Grillkohle ist bereits verbrannt und setzt keine Holzaromen mehr frei!

Aus diesem Grund sind alle Rezepte in diesem Buch für den **GASGRILL** konzipiert, sie funktionieren jedoch selbstverständlich auch auf allen anderen Grilltypen. Wichtig ist nur, den Deckel nicht ständig zu öffnen und zu schließen. Ich weiß, ein Blick auf den Rost reizt, doch manchmal muss man der Versuchung standhalten. Bei jedem Öffnen geht Hitze verloren und der zusätzliche Backofeneffekt ist dahin.

Fünf Grillmeister, fünf unterschiedliche Ergebnisse? Damit meine Rezepte wirklich jedem gelingen, habe ich viele praktische und **MAGISCHE TIPPS** und Kniffe eingestreut, die für ein »AHA!« sorgen. Das meiste davon ist keine Zauberei – und schon gar kein Hokuspokus –, sondern schlicht das Ergebnis jahrzehntelanger Praxis.

In jedem Fall lohnt sich eine **PLANCHA**, am besten aus Edelstahl. Das ist im Grunde nichts anderes als eine viereckige, glatte Grillplatte, manchmal ist sie auch auf einer Seite geriffelt. Darauf lassen sich vor allem kleinere oder **EMPFINDLICHE** Zutaten optimal grillen. Raten kann ich auch zu Grillgeschirr aus **GUSSEISEN**. Das hält die Hitze sehr gut – je dickwandiger und schwerer, desto besser.

Und man darf ruhig über den Tellerrand schauen. Während es bei uns oft möglichst schnell gehen muss, begreift man Grillen in vielen anderen Ländern als **EMOTIONALE** Einstellung. Beim BBQ in den USA oder Braai in Südafrika lässt man sich **ZEIT**, oft wird den ganzen Tag gegrillt, gegessen, getrunken. Dann wird es erst richtig **MAGISCH** ...

GANZ PUR

———————————

RIB-EYE-STEAK IM BRÖTCHEN

1 Rib-Eye-Steak (Entreote; 250 g;
   zimmerwarm)
4 Salatblätter (z. B. Kopfsalat)
1 mittelgroße Zwiebel
1 ½ EL Sonnenblumenöl
2 Burgerbrötchen (Burgerbuns; mit
   Mohn oder Sesam)
2 TL Dijon-Senf
feines Meersalz
Pfeffer aus der Mühle
4 EL geriebener Bergkäse
–

Für 2 Personen
30 Min. Zubereitung
Pro Portion ca. 655 kcal

1 Das Fleisch mindestens 1 Stunde vor der Verarbeitung aus dem Kühlschrank nehmen und Zimmertemperatur annehmen lassen. Die Salatblätter waschen und trocken schütteln. Die Zwiebel schälen und in nicht zu dünne Ringe schneiden. Den Grill auf ca. 220° vorheizen.

2 Die Zwiebel in 1 EL Öl auf der Grillplatte (alternativ in einer hitzefesten Pfanne) mittelbraun anbraten und warm stellen. Bei Verwendung einer Pfanne den Deckel auflegen und die Pfanne vom Grill nehmen.

3 Das Steak auf beiden Seiten dünn mit dem restlichen Öl (½ EL) bestreichen und bei geschlossenem Deckel auf dem Rost über direkter Hitze bis zum gewünschten Gargrad grillen, für »medium rare« dauert dies 6–7 Min., dabei nur einmal wenden. Das Fleisch bei indirekter Hitze kurz nachziehen lassen.

4 Die Brötchen aufschneiden und mit den Schnittflächen nach unten auf dem Grill ca. 2 Min. rösten, sodass Grillstreifen entstehen. Den Grill ausschalten. Die unteren Hälften mit je 2 Salatblättern belegen, die oberen Hälften mit je 1 TL Senf bestreichen.

5 Das Fleisch salzen, pfeffern und mit dem Käse bestreuen. Den Deckel des Grills schließen und das Fleisch 1 Min. ziehen lassen. Dann herausnehmen, in Streifen schneiden, auf die unteren Brötchenhälften verteilen und mit Zwiebel toppen. Die oberen Brötchenhälften darauflegen.

Meine Zauberformel

für mehr Textur

Für den Käse gibt es auch eine »knackige« Version. Dazu auf ein mit Backpapier ausgelegtes Backblech geriebenen Käse streuen, am besten kreisförmig in Brötchengröße. Im Backofen oder auf dem Grill ca. 10 Min. bei 200° backen, bis der Käse fest wird. Prima sind Bergkäse oder eine Mischung aus Gouda und Parmesan.

TOMAHAWK MIT GRILLTOMATEN

1 Tomahawk-Steak (800 g;
   zimmerwarm)
4 EL Olivenöl
Salz | Pfeffer
2 Knoblauchzehen
1 TL getrockneter Oregano
4 Fleischtomaten

–

Für 2 Personen
20 Min. Zubereitung
Pro Portion ca. 1 025 kcal

Beim Nachgaren darf man selbst entscheiden, wie man das Fleisch haben möchte. Der Drucktest gibt ganz gut Aufschluss. Fühlt es sich an wie der Fingerdruck auf einen entspannten Daumenballen, ist das Fleisch noch roh. Nimmt man den Zeigefinger zum Daumen hinzu und prüft dann den Ballen, ist es wie bei einem noch eher »medium rare« gegrillten Fleisch. Kommt jetzt noch der Mittelfinger zu den anderen beiden, spürt man am Daumenballen etwas mehr Widerstand – nun ist es »medium«.

1   Das Tomahawk-Steak mindestens 30 Min. vor der Verarbeitung aus dem Kühlschrank nehmen und Zimmertemperatur annehmen lassen. Den Grill auf 220° vorheizen. Das Fleisch trocken tupfen und rundherum mit 2 EL Olivenöl bepinseln.

2   Das Fleisch auf dem Rost bei direkter Hitze 2 Min. grillen. Dann um 90° drehen und weitere 2 Min. grillen. Das Steak wenden und wieder 2 Min. grillen, um 90° drehen und in weiteren 2 Min. fertig garen. Das Fleisch anschließend auf einer Ruhezone auf dem Grill ziehen lassen. Nach Belieben mit Salz und Pfeffer würzen.

3   Die Knoblauchzehen schälen und fein hacken. Mit dem restlichen Olivenöl (2 EL), Oregano, Salz und Pfeffer verrühren. Die Tomaten waschen und jeweils halbieren. Die Tomatenhälften auf den Schnittflächen mit der Knoblauch-Öl-Mischung bepinseln und mit den Schnittflächen nach unten ca. 3 Min. grillen.

4   Das Fleisch vom Knochen lösen, in dünne Scheiben schneiden und mit den Tomaten servieren.

BRISKET BUTTERZART

1 Brisket (ausgelöste Rinderbrust, ca. 2 kg)
3 EL mittelscharfer Senf
2–3 EL BBQ-Würzmischung (nach Wahl, z. B. BBQ-Beef-Rub oder Magic Dust)

AUSSERDEM

3–4 Handvoll Räucherchips (Hickory oder Eiche)
Fleischthermometer
Grillsauce und Salat zum Servieren (nach Belieben)

–

Für 6 Personen
10 Min. Zubereitung
30 Min. Wässern
8 Std. Garen
Pro Portion ca. 860 kcal

IT'S MAGIC!

Durch das Smoken bildet sich ein »Rauchring« an der Außenseite des Fleisches – er wird dicker und kräftiger, je länger das Fleisch dem Rauch ausgesetzt ist. Und das schmeckt man natürlich auch in Form von mehr Intensität.

1 Die Räucherchips in einer Schüssel mindestens 30 Min. wässern. Das Brisket parieren, d. h. auf der Fettschichtseite das Fett auf eine Dicke von 1–1,5 cm abschneiden, auf der Unterseite vorhandene Häute entfernen. Das Fleisch rundherum mit Senf bestreichen und großzügig mit der Würzmischung bestreuen. Nach Wunsch mehrere Stunden stehen lassen oder gleich zum Garen übergehen.

2 Den Grill auf 110° vorheizen, dabei darf eine Zone (in Größe des Fleisches) auf dem Rost keine direkte Hitze bringen. Darunter eine Metallschüssel platzieren, um das tropfende Fett aufzufangen. Das Fleisch darüber auf den Rost legen. Eine Räucherbox mit einem Drittel der Räucherchips befüllen und über direkte Hitze stellen. Den Deckel des Grills schließen.

3 Das Fleisch 4 Std. garen, dann den Fühler des Thermometers horizontal etwa bis zur Mitte hineinstecken. Das Fleisch 3–4 Std. weitergaren, bis die Kerntemperatur 85–90° beträgt und sich das Thermometer sehr leicht herausziehen lässt. Während der Garzeit die Räucherbox neu befüllen, sobald kein Rauch mehr vorhanden ist, und das Fleisch ab und zu mit etwas abgetropftem Fettsaft bestreichen.

4 Sobald das Brisket zart ist, vom Rost nehmen und abgedeckt bei Zimmertemperatur oder noch besser in einer doppelwandigen Kühlbox 30 Min. ruhen lassen. Zum Servieren quer zur Faser aufschneiden. Nach Belieben mit Grillsauce und Salat servieren.

Meine Zauberformel
für mehr Geschmack

Der Faktor Zeit ist für eine Rinderbrust, die sonst eher in den Suppentopf wandert, von großer Bedeutung. Das Fleisch lässt sich nicht schnell zubereiten, sonst bleibt es hart und zäh. Mitunter sind sogar 12 Std. oder mehr nötig, um es ordentlich zu garen.

Meine fantastische Idee
für Reste

Nur 2 Personen, aber 2 kg Fleisch? Das sehr zarte Brisket lässt sich auch wunderbar kalt genießen, etwa dünn aufgeschnitten als Brotbelag. Salatblatt, Senf und Tomatenscheiben nicht vergessen!

Über Smoken und langsames Garen

VOLLDAMPF!

BLOSS KEINE HETZE

Wer es mit dem Grillen wirklich ernst meint, der lässt sich **Zeit**. Mal schnell was auf den Rost werfen? Nicht, wenn es perfekt werden soll. Manche Teile – und das gilt insbesondere für Fleisch – sind von ihrer Struktur her so, dass sie sich nicht fürs Kurzbraten eignen. Also Temperatur runter und auf keinen Fall mit Hunger und Ungeduld anfangen.

KONTROLLE IST BESSER

Selbst wer schon viel Erfahrung gesammelt hat, weiß, dass Fleisch auf dem Grill ein Eigenleben entwickeln kann, was den Gargrad betrifft. Also: Besser ein **Fleischthermometer** anschaffen. Das steckt man in die dickste Stelle des Fleischs und checkt ab und an, wie hoch die Kerntemperatur ist. Stücke wie Rinderbrust, Secreto oder auch große Racks, etwa vom Iberico, können bei gemächlichen 80° vor sich hin garen und brauchen dann eben auch locker mal 8 Std., bis sie bei ihrer gewünschten Kerntemperatur angekommen sind. Der ganz große Vorteil: Eine Stunde mehr oder weniger reißt es dann nicht raus.

VIEL RAUCH UM LECKER

Smoken hat inzwischen das ganze Land erobert. Und da gibt es ja die unterschiedlichsten Möglichkeiten. Völlig simpel: Zum **Räuchern** von Forellen oder Saibling ein paar getrocknete Zweigabschnitte von Kirsche, Buche oder Weißdorn auf die nicht mehr zu heiße Glut legen (maximal 120° im Grill) und den Deckel schließen. Schon nach 2 Min. bildet sich hocharomatischer Rauch, der dem Fisch einen würzigen Geschmack verleiht. Wichtig ist nur, kein Nadelholz zu verwenden, da dieses durch seinen Harzanteil Bitterkeit verströmt.

BOX BIS TRAIN

Als Einsteiger holt man sich für kleines Geld eine **Räucherbox** aus Metall, in die man gewässerte Holzchips füllt, und die man dann auf die Glut über einen Brenner des Gasgrills stellt. Fortgeschrittene Räucherer schaffen sich einen **Smoker** an, bei dem die Hitzequelle nicht unter dem Gargut ist, sondern seitlich in einer getrennten Kammer. Der Rauch strömt in die Garkammer und zieht dann über den Kamin nach oben ab. Profis achten dabei auf dickwandige Gerätschaften, die die Hitze gut halten – man braucht dann einfach weniger Holz.

LAMMKARREE

2 Lammkarrees (à 400 g)
3 Zweige Rosmarin
6 Zweige Thymian
3 Lorbeerblätter
abgeriebene Schale von 1 Bio-Zitrone
4 EL Olivenöl

AUSSERDEM
wiederverschließbarer Beutel (lebens-
mittelgeeignet, z. B. Gefrier- oder
Frischhaltebeutel)
–
Für 2 Personen
20 Min. Zubereitung
12 Std. Marinieren
15 Min. Ziehen
Pro Portion ca. 605 kcal

1 Die Lammkarrees parieren, d. h. überschüssiges Fett entfernen. Die Knochen mit der Rückseite eines kleinen Messers abschaben, sodass sie wirklich sauber sind – das ist wichtig für das spätere Handling. Den Rosmarin und den Thymian waschen und gut trocken schütteln. Die Nadeln bzw. Blättchen abzupfen und grob hacken.

2 Die Lammkarrees mit Kräutern, Lorbeerblättern, Zitronenschale und Olivenöl in einen wiederverschließbaren Beutel geben. Den Beutel verschließen, dabei möglichst viel Luft herausdrücken. Das Fleisch im Beutel mehrere Stunden marinieren – 12 Std. sind optimal, doch es geht auch kürzer.

3 Den Grill auf 250° vorheizen. Die Lammkarrees mit der Fleischseite nach oben auf den Rost legen. Den Deckel des Grills schließen und das Fleisch 3 Min. grillen, dabei für das Grillmuster nach 1 Min. 30 Sek. um 90° drehen. Dann das Fleisch wenden, sodass es mit der Knochenseite auf dem Rost liegt, und 1 Min. 30 Sek. weitergrillen.

4 Jetzt die Brenner des Grills ausschalten und den Deckel des Grills 1 Min. offen lassen. Dann den Deckel wieder schließen und das Fleisch 12–15 Min. nachziehen lassen. Beim Durchschneiden der Karrees ist das Fleisch nun innen wunderbar rosa. Zum Essen das Karree am besten in die Hand nehmen und das butterzarte Fleisch vom Knochen abnagen.

RACK VOM IBERICO

1 kg Iberico French Rack (z. B. aus
  dem Internethandel)
1 Zweig Rosmarin
5 Zweige Thymian
2 Knoblauchzehen
Schale von 1 Bio-Zitrone (nur die
  obere gelbe Schalenschicht)
4 EL Olivenöl
Salz | Pfeffer

AUSSERDEM
evtl. Fleischthermometer
–
Für 2 Personen
15 Min. Zubereitung
12 Std. Marinieren
1 Std. 10 Min. Garen
Pro Portion ca. 595 kcal

Das Rack vom spanischen Iberico-
Schwein ist eine Delikatesse. Die
meist mit Eicheln gefütterten Tiere
haben viel Freilauf, und ihr Fleisch
ist gut marmoriert. Leider ist es
meist nur über Internet-Händler
zu beziehen. Alternativ können Sie
in der Metzgerei Ihres Vertrauens
fragen, ob sie etwas in ähnlicher
Qualität hat.

1   Das Rack putzen, d. h. Haut und Fett von den Knochen schaben. Das Fett auf dem Fleisch mit einem
scharfen Messer rautenförmig anschneiden.

2   Den Rosmarin und den Thymian waschen und
trocken schütteln. Die Nadeln bzw. Blättchen abzupfen und fein hacken. Den Knoblauch schälen und
in sehr feine Würfel schneiden. Die Zitronenschale
ebenfalls hacken. Rosmarin, Thymian, Knoblauch
und Zitronenschale mit dem Olivenöl verrühren, die
Mischung mit Salz und Pfeffer würzen.

3   Das Fleisch rundherum mit der Ölmischung bestreichen und abgedeckt einige Stunden durchziehen
lassen, bei mehr als 6 Std. in den Kühlschrank stellen.
Noch besser: über Nacht im Kühlschrank durchziehen lassen.

4   Den Grill auf 160° vorheizen, dabei eine Zone mit
indirekter Hitze in Größe des Fleisches lassen. Das
Rack mit der Fleischseite nach oben auf die Zone mit
indirekter Hitze legen und ca. 1 Std. 10 Min. garen.
Ideal ist die Messung der Kerntemperatur: Wer es
gerne rosa mag, nimmt das Fleisch bei 58° Kerntemperatur vom Grill, es sollten aber nicht über 64° sein.

Meine Zauberformel

für saubere Knochen

Die Knochen des Racks
vor dem Grillen mit
einem Stück Alufolie
umwickeln, dann werden
sie trotz der Hitze weder
unansehnlich noch ver-
brennen sie.

Mein magisches
Geheimnis

für Zartheit

Das Fleisch vor der
Verarbeitung aus dem
Kühlschrank nehmen und
in 2–3 Std. Zimmertem-
peratur annehmen lassen.
Dadurch ist es von Beginn
an viel entspannter.

LACHS VON DER PLANKE MIT POMELO

4 Zweige Zitronenthymian
1 EL Rapsöl
½ EL Honig
Salz | Pfeffer
1 Pomelo
2 Lachsfilets (à 200 g, mit Haut)
1 kleine rote Zwiebel
3 Tomaten
4 Stängel Koriandergrün
1 EL Sojasauce
Saft von 1 Limette

AUSSERDEM
1 Zedernholzbrett
–

Für 2 Personen
40 Min. Zubereitung
Pro Portion ca. 800 kcal

1   Das Zedernholzbrett 1 Std. in kaltes Wasser legen, dabei am besten mit einem Stein beschweren.

2   Den Thymian waschen und trocken schütteln, die Blättchen von den Stielen streifen und fein hacken. Das Rapsöl in einer Schüssel mit dem Honig sowie etwas Salz und Pfeffer verrühren. Aus der Pomelo ca. 2 EL Saft auspressen (dafür am besten eine kleine »Kappe« abschneiden) und diesen mit dem Thymian in die Schüssel geben. Mit einer Gabel gut mischen.

3   Die Lachsfilet je zweimal längs etwa zwei Drittel tief einschneiden (nicht durchschneiden!), sodass je zwei Taschen entstehen. Die Marinade auf den Lachs und auch in die Taschen pinseln. Den Fisch 20 Min. kühl stellen. Den Grill auf 180° vorheizen.

4   Inzwischen für den Salat die Pomelo so schälen, dass auch die weiße Haut mit entfernt wird. Die Fruchtfilets mit einem Messer zwischen den Trennhäuten herausschneiden. Die Zwiebel schälen und in feine Würfel schneiden. Die Tomaten waschen, vom Stielansatz befreien und in Spalten oder Stücke schneiden. Das Koriandergrün waschen, trocken schleudern und fein hacken. Die vorbereiteten Zutaten in einer Schüssel mit Sojasauce und Limettensaft verrühren. Mit Salz und Pfeffer würzen.

5   Das Zedernholzbrett aus dem Wasser nehmen und abtropfen lassen. Den Lachs mit der Hautseite

Mein magisches
Geheimnis

für sofortiges Loslegen

Eine alternative Möglich-
keit ist es, das Holzbrett
ungewässert auf den Grill
zu legen. Dabei kommt es
zunächst auf direkte Hitze,
bis das Holz zu knistern und
zu rauchen beginnt – es soll
aber noch nicht brennen.
Nun wird der marinierte
Lachs aufgelegt und das
Holz auf indirekte Hitze
gezogen. Je nach Dicke des
Fisches werden 8–10 Min.
zum Garen benötigt.
Wichtig ist jeweils, recht
schnell zu arbeiten, damit so
viel Rauch wie möglich an
den Lachs kann. Der Deckel
des Grills sollte also nur
kurz und nicht ständig geöff-
net werden.

nach unten darauf platzieren und das Brett auf den
Grillrost bei direkter Hitze legen.

6 Den Deckel des Grills schließen. Den Lachs
ca. 8 Min. grillen, bis er gar und innen noch glasig ist.
Nach wenigen Minuten wird eine Rauchentwicklung
zu sehen und zu riechen sein – auch wenn es einen
reizt, den Grilldeckel zu öffnen, um zu sehen, was
passiert – zulassen! Nur so kann sich der Rauch richtig entfalten. Mit dem Pomelosalat servieren.

FENCHEL MIT ROSINEN UND AGAVENSIRUP

2 Knollen Fenchel
2 EL Olivenöl
2 EL Rosinen
2 EL Mandelblättchen
1 EL Agavensirup
Salz | Pfeffer
Parmesan (nach Belieben)

–

Für 2 Personen
15 Min. Zubereitung
Pro Portion ca. 265 kcal

1 Den Fenchel waschen und trocken tupfen. Das Grün mitsamt den harten Stielen abschneiden. Große Knollen jeweils längs vierteln, kleinere nur halbieren. Die harten Strünke herausschneiden.

2 Den Grill auf 170° vorheizen. Das Olivenöl auf eine Plancha oder in eine große Eisenpfanne geben und den Fenchel darin unter nur einmaligem Wenden 8 Min. grillen.

3 Die Rosinen und die Mandelblättchen darüberstreuen und den Agavensirup hinzufügen. Den Fenchel mit Salz und Pfeffer würzen, nochmals wenden und kurz weitergrillen. Mit frisch geriebenem Parmesan servieren.

Meine Prise Magie

für mehr Geschmack

Die Kombination von der Anislastigkeit des Fenchels mit der süßen Fruchtigkeit der Rosinen und des Sirups und dem salzigen Parmesan ist schlichtweg genial. Möchte man ein noch stärkeres Fenchelaroma haben, hackt man das zarte Fenchelgrün sehr fein und streut es am Ende über das Gemüse.

GANZ KLASSISCH

————————————

TÜRKISCHE HACKBÄLLCHEN

1 kleine Zwiebel
2 Knoblauchzehen
3 Stängel Petersilie
250 g Rinderhackfleisch
½ TL gemahlener Kreuzkümmel
½ TL Pul Biber
½ TL Sumach
1 TL edelsüßes Paprikapulver
Salz | Pfeffer
1 rote Chilischote
50 g Schafskäse (Feta)
–

Für 2 Personen
30 Min. Zubereitung
Pro Portion ca. 360 kcal

1 Die Zwiebel und den Knoblauch schälen und in feine Würfel schneiden. Die Petersilie waschen, trocken schütteln und fein hacken. Zwiebel, Knoblauch und Petersilie mit dem Rinderhackfleisch in einer Schüssel vermischen.

2 Den Kreuzkümmel in einem Mörser zerstoßen und mit dem Pul Biber, dem Sumach und dem Paprikapulver zur Hackfleischmischung geben. Alles mit Salz und Pfeffer würzen und verkneten.

3 Die Chilischote waschen, vom Stielansatz befreien und der Länge nach aufschneiden, die Kerne und weißen Trennwände entfernen. Das Fruchtfleisch sehr fein würfeln. Den Schafskäse in einer Schüssel mit einer Gabel fein zerdrücken und die Chiliwürfel gut untermischen.

4 Aus der Hackfleischmasse mit den Händen sechs gleich große Bällchen formen. Die Bällchen nacheinander mit angefeuchteten Händen flach drücken, jeweils in die Mitte einen kleinen Löffel Schafskäsecreme geben und mit dem Hackfleisch vom Rand sorgfältig wieder umschließen.

5 Den Grill auf 200° vorheizen. Die Hackbällchen auf dem Grill bei geschlossenem Deckel rundherum 6–7 Min. grillen, dabei zweimal wenden.

Meine fantastische Idee

als Begleitung

Die perfekte Beilage ist natürlich ein Bulgursalat mit Tomaten, Petersilie und Gurken, und zum Dippen fürs Fleisch ein türkischer Joghurt, gewürzt mit Sumach, Zitronensaft und Minze.

WILDBURGER MIT KORIANDERGRÜN

400 g Wildschweinhackfleisch (aus
   der Keule; zimmerwarm)
8 Stängel Koriandergrün
1 Knoblauchzehe
1 EL eingelegter grüner Pfeffer
Salz | Pfeffer
1 mittelgroße Zwiebel
6 Champignons
1 Tomate
1 große Essiggurke
2–4 Salatblätter (z. B. Kopfsalat)
2 EL Sonnenblumenöl
2 Burgerbrötchen (Burgerbuns)
ca. 2 TL Ketchup (nach Belieben)
ca. 2 TL Mayonnaise (nach Belieben)
ca. 2 TL mittelscharfer Senf (nach
   Belieben)
–

Für 2 Personen
30 Min. Zubereitung
Pro Portion ca. 590 kcal

1 Das Hackfleisch aus dem Kühlschrank nehmen und Zimmertemperatur annehmen lassen. Koriander waschen, trocken schütteln und fein hacken. Knoblauch schälen und fein würfeln. Den grünen Pfeffer grob hacken. Alles zum Hackfleisch geben. Mit Salz und Pfeffer würzen und gut vermengen. Aus der Hackmasse zwei Burgerpattys formen.

2 Die Zwiebel schälen und in dünne Ringe oder Streifen schneiden. Die Champignons putzen und in dünne Scheiben schneiden. Die Tomate waschen und quer in dünne Scheiben schneiden. Die Essiggurke längs in dünne Scheiben schneiden. Die Salatblätter waschen und trocken schleudern.

3 Den Grill auf 200° vorheizen. Auf der Plancha oder in einer feuerfesten Pfanne 1 EL Öl erhitzen, die Zwiebeln darin glasig anbraten. Die Pilze dazugeben und 2 Min. mitbraten. Auf indirekte Hitze beiseiteschieben. Die Pattys mit dem übrigen Öl (1 EL) bepinseln, auf den Rost legen, andrücken und bei geschlossenem Grilldeckel ca. 5 Min. grillen. Wenden und bei geschlossenem Deckel 3 Min. weitergrillen.

4 Die Burgerbuns quer halbieren und mit den Schnittflächen nach unten 1 Min. auf den Rost legen. Nach Belieben mit Ketchup, Mayonnaise und Senf bestreichen. Die Unterhälften mit Salat belegen. Pattys, Tomate, Gurke und Pilzmischung daraufschichten (wer mag dekoriert noch mit etwas Koriandergrün). Die Brötchenoberhälften darauflegen.

KALBSROULADEN MIT SARDELLEN UND KAPERN

4 Kalbsschnitzel (à 130 g)
1 Bund Frühlingszwiebeln
1 EL Butter
50 g geriebener Parmesan
30 g Semmelbrösel
2 EL Kapern (in Lake, abgetropft)
Salz | Pfeffer
4 Stängel Minze
8 Sardellenfilets
1 EL Sonnenblumenöl

AUSSERDEM
4 Zahnstocher (oder kleine Metall-
    spieße)
–
Für 2 Personen
40 Min. Zubereitung
Pro Portion ca. 560 kcal

1 Den Grill auf 180° vorheizen. Die Kalbsschnitzel zwischen zwei Lagen Frischhaltefolie mit einer Pfanne oder einem Plattiereisen flach klopfen.

2 Die Frühlingszwiebeln putzen und waschen, die Stangen bis zum dunkler werdenden Grün schräg in Stücke von ca. 4 cm Länge schneiden bzw. so lang, wie die Schnitzel breit sind.

3 Die Butter in einer Eisenpfanne erhitzen und die Frühlingszwiebeln darin ca. 2 Min. schwenken, bis sie weich sind. Die Pfanne vom Grill ziehen. Den Parmesan, die Semmelbrösel und die Kapern zu den Frühlingszwiebeln geben. Die Mischung mit Salz und Pfeffer abschmecken.

4 Die Minze waschen und trocken schütteln. Die Blätter abzupfen, grob hacken und unter die Frühlingzwiebelmischung in der Pfanne mengen. Die Mischung mit einem Löffel auf die ausgelegten Schnitzel verteilen und je 2 Sardellenfilets darauflegen. Die Schnitzel zu Rouladen aufrollen, dabei die Seiten einklappen, sodass nichts herausfallen kann. Nach dem Aufrollen das Fleisch mit Zahnstochern (oder Metallspießen) fixieren.

5 Das Fleisch rundherum mit etwas Öl bestreichen und auf dem Grill in ca. 12 Min. von allen Seiten braun grillen.

Der Käse sorgt dafür, dass die Schnitzel im Innern schön saftig bleiben. Das Fleisch sollte dennoch nicht zu lange auf dem Grill bleiben, damit es nicht von außen her trocken wird. Dies lässt sich auch vermeiden, indem man die Rouladen komplett mit Speckscheiben umwickelt – der Speck verleiht den Rouladen zusätzlich noch ein Plus an deftigem Geschmack.

SCHWEINEFILET IN SPECK MIT BOHNEN

400 g grüne Bohnen
1 kleine Zwiebel
2 Knoblauchzehen
6 EL Olivenöl
1 Bio-Limette
3 Zweige Bohnenkraut
Salz | Pfeffer
1 Schweinefilet (ca. 600 g)
3 Zweige Rosmarin
10 Zweige Thymian
15 lange, breite Scheiben geräucherter
   Bauchspeck

AUSSERDEM
einige Zahnstocher (oder Schaschlik-
   spieße)
–

Für 2 Personen
50 Min. Zubereitung
Pro Portion ca. 840 kcal

1   Die Bohnen waschen und putzen. Zwiebel und Knoblauch schälen und fein würfeln. Bohnen, Zwiebeln und Knoblauch in einer Schüssel mischen und 4 EL Olivenöl darübergeben. Die Limette heiß waschen und trocken reiben. Mit einem Zesten- schneider die Schale abziehen (alternativ mit einem Messer dünn abschälen und in feine Streifen schnei- den). Die Limette halbieren und den Saft auspressen. Das Bohnenkraut waschen und mit dem Limetten- saft zu den Bohnen geben. Alles mit Salz und Pfeffer würzen, gut mischen und etwas stehen lassen.

2   Das Schweinefilet parieren, d. h. Sehnen und die Silberhaut mit einem scharfen, spitzen Messer ent- fernen. Rosmarin und Thymian waschen und trocken schütteln, Nadeln bzw. Blättchen von den Stielen streifen und sehr fein hacken. In einer länglichen Schale mit dem restlichen Olivenöl (2 EL) mischen. Das Schweinefilet darin wälzen.

3   Die Speckscheiben auf einem Schneidebrett von links nach rechts in Länge des Schweinefilets so auslegen, dass sich die einzelnen Scheiben etwas überlappen. Das Fleisch mittig darauf platzieren. Die Speckscheiben von recht nach links über das Filet klappen, sodass dieses komplett umhüllt ist. Den Speck mit Zahnstochern oder mit Schaschlikspießen fixieren, damit nichts verrutschen kann.

4 Den Grill auf 200° vorheizen. Das Fleisch bei direkter Hitze auf den Rost legen und den Grilldeckel schließen. Das Filet 4 Min. grillen, wenden und 4 Min. weitergrillen. Auf die dritte Seite drehen und ebenfalls 4 Min. grillen, dann auf der verbliebenen vierten Seite 4 Min. grillen. Es ist gar, wenn es sich auf Druck anfühlt wie die eigene Nasenspitze.

5 Das Fleisch auf indirekte Hitze ziehen oder vom Rost nehmen und ruhen lassen. Eine Plancha oder Grillpfanne auf direkte Hitze stellen und die Bohnenmischung hineingeben. Den Grilldeckel schließen und die Bohnen 10 Min. garen, dabei nur gelegentlich umrühren. Das Fleisch aufschneiden, mit Salz und Pfeffer würzen und mit den Bohnen servieren.

Meine Zauberformel

für mehr Würze

Aus Currypulver, Kurkuma, Pfeffer, Cayennepfeffer, sehr fein gehacktem Ingwer und etwas Pflanzenöl eine Würzmischung anrühren und das Fleisch damit einreiben, bevor der Speckmantel darum kommt. Der Schärfegrad kann dabei ganz nach eigenem Gusto justiert werden.

HÄHNCHENSPIESSE MIT LIMETTE UND ERDNUSSDIP

SPIESSE

400 g Hähnchenbrustfilet
2 Knoblauchzehen
1 rote Chilischote
1 Bio-Limette
1 EL geriebener Ingwer
4 EL Sojasauce

DIP

2 Knoblauchzehen
1 Limette
200 g cremige Erdnussbutter
2 EL Sojasauce
2 EL Ahornsirup (oder Agaven-
  dicksaft)
1 Spritzer geröstetes Sesamöl
1 EL geriebener Ingwer
ca. 100 g Kokosmilch

AUSSERDEM

4 Metallspieße (oder Holzspieße)
–
Für 2 Personen
25 Min. Zubereitung
1 Std. Marinieren
Pro Portion ca. 965 kcal

1 Für die Spieße das Hähnchenfleisch längs in 2 cm breite Streifen schneiden. Knoblauch schälen und sehr fein würfeln. Chilischote waschen, vom Stielansatz befreien, längs aufschneiden, entkernen und sehr fein hacken. Limette heiß waschen und trocken reiben. Die Schale mit einem Zestenschneider abziehen (oder mit dem Messer abschälen und fein schneiden) und klein hacken. Limettensaft auspressen. Knoblauch, Chili, Limettenschale und -saft, Ingwer und Sojasauce in einer Schüssel mischen. Das Fleisch darin abgedeckt 1 Std. marinieren.

2 Für den Dip Knoblauch schälen. Aus der Limette den Saft auspressen. Beides mit Erdnussbutter, Sojasauce, Ahornsirup, Öl, Ingwer und 100 g Kokosmilch im Mixer oder mit dem Pürierstab zu einer cremigen Masse verarbeiten. Bei Bedarf mit mehr Kokosmilch verdünnen.

3 Den Grill auf 180° vorheizen. Die Fleischstreifen so auf die Spieße auffädeln, dass an den Enden kein Fleisch herunterhängt. Von beiden Seiten bei direkter Hitze ca. 3 Min. grillen. Mit dem Dip servieren.

IT'S MAGIC!

Metallspieße haben den großen Vorteil, dass sie auf dem Grill nicht verbrennen. Stehen nur Holzspieße zur Verfügung, diese unbedingt 1 Std. wässern, damit sie der Hitze besser standhalten.

SALTIMBOCCA DOPPELT VERFEINERT

3 Kalbsschnitzel (à 150 g)
3 Scheiben luftgetrockneter Schinken
6 Salbeiblätter
1 Zucchino
2 EL Olivenöl
6 dünne Scheiben Lardo (alternativ
   grüner Speck)
Chiliflocken aus der Mühle
Salz | Pfeffer
1 TL Pastis (franz. Anisschnaps)
–

Für 2 Personen
30 Min. Zubereitung
Pro Portion ca. 575 kcal

Man liest oft, dass der Schinken
für Saltimbocca mit Zahnstochern
befestigt werden müsse. Bei der
richtigen Temperatur allerdings
verbindet er sich sofort mit
dem Fleisch und hält auch ohne
Fixierung. Der Lardo wiederum
schmilzt richtiggehend bei der
Hitze und entlässt seinen Saft in
das Kalbfleisch.

1   Die Kalbsschnitzel zwischen zwei Lagen Frischhaltefolie mit der Unterseite einer schweren Pfanne
oder einem Plattiereisen flach klopfen. Dann die
Schnitzel jeweils in zwei gleich große Stücke schneiden. Die Scheiben vom luftgetrockneten Schinken
jeweils halbieren.

2   Die Salbeiblätter waschen und gut trocken tupfen.
Auf jedes Kalbsschnitzelstück 1 Salbeiblatt legen. Mit
jeweils 1 Schinkenscheibenhälfte belegen und diese
leicht andrücken.

3   Den Zucchino waschen, putzen und mit einem Julienneschneider oder einem Messer in feine Streifen
schneiden.

4   Den Grill auf 200° vorheizen. 1 EL Olivenöl auf
der Plancha oder in einer feuerfesten Pfanne erhitzen. Die Kalbsschnitzelchen mit der Schinkenseite
nach unten darin 1 Min. 30 Sek. anbraten. Dann die
Schnitzel wenden, jeweils 1 Scheibe Lardo darauflegen und 1 Min. weiterbraten. Die Plancha oder
Pfanne zum Warmhalten beiseiteschieben.

5 Das restliche Olivenöl (1 EL) auf die Plancha bzw. in die Pfanne geben und die Zucchinistreifen darin unter ständigem vorsichtigem Wenden maximal 2 Min. angrillen. Mit Chiliflocken, Salz und Pfeffer würzen und den Pastis dazugeben. Alles noch einmal durchmischen.

6 Die Saltimboccas nach Belieben nochmals mit Salz und Pfeffer würzen. Mit dem Zucchinigemüse auf Tellern anrichten.

Meine fantastische Idee
für extra Aroma

Saltimbocca ist an sich schon eine feine Sache. Kommt Lardo dazu, wird es umso saftiger. Lardo ist der Rückenspeck von italienischen Landschweinen, die setzen locker eine 5 cm dicke Schicht davon an. Der Speck wird mit Salz eingerieben, mit Lorbeer, Salbei, Muskat, Koriander, Pfeffer und Wacholder gewürzt. Aufeinandergeschichtet und beschwert zieht er in Marmortrögen mehrere Monate durch und bekommt sein Aroma.

FISCHSPIESSE MIT PAPRIKA UND ANANAS

4 große Garnelen (ohne Kopf, mit
   Schale)
150 g Kabeljaufilet
150 g Lachsfilet (ohne Haut)
2 Limetten
50 ml Teriyaki-Sauce
1 Spritzer geröstetes Sesamöl
Salz
1 rote Paprika
1 kleine rote Zwiebel
2 Scheiben frische Ananas (ca. 2 cm
   dick)
2 Stängel Zitronengras
–
Für 2 Personen
30 Min. Zubereitung
1 Std. Marinieren
Pro Portion ca. 360 kcal

1 Die Garnelen vorsichtig schälen und, falls nötig, den Darm entfernen. Dafür mit einem Messer am Rücken mittig längs aufschneiden und den Darm herausziehen. Die Garnelen waschen und trocken tupfen. Den Kabeljau und den Lachs jeweils in vier größere Würfel schneiden. Den Saft aus den Limetten auspressen, die Hälfte davon mit Teriyaki-Sauce, Sesamöl und etwas Salz verrühren. Garnelen, Kabeljau, Lachs und Marinade in einer Schüssel mischen. Abgedeckt 1 Std. im Kühlschrank durchziehen lassen.

2 Den Grill auf 180° vorheizen. Die Paprika waschen, längs halbieren, entkernen und in grobe Stücke schneiden. Die Zwiebel schälen und vierteln. Die Ananasscheiben jeweils vierteln. Vom Zitronengras die äußeren Blätter entfernen.

3 Abwechselnd Garnelen, Fisch, Paprika, Zwiebel und Ananas auf das Zitronengras stecken. Anfang und Ende bilden jeweils die Garnelen. Die Spieße mit geschlossenem Deckel bei direkter Hitze ca. 8 Min. grillen, dabei einmal wenden. Zum Servieren mit dem übrigen Limettensaft beträufeln.

IT'S MAGIC!

Dazu Basmatireis – und damit der klasse schmeckt, gibt man beim Kochen ein paar Kaffir-Limettenblätter dazu. Danach kann man ihn noch mit gewürfelten Ananasstückchen, Chilischote, Curry und Kurkuma pimpen. Die Fischauswahl kann beliebig gestaltet werden. Einfach an der Fischtheke nach Filets mit schön festem Fleisch fragen.

Griller brauchen Flüssigkeit

★

GETRÄNKE

PARTNERSCHAFTEN

Nein, es muss natürlich nicht immer Gerstensaft sein, auch wenn ein alter Grillerspruch lautet: »Das einzige Argument für Holzkohle und gegen Gas ist, dass ich zwischen dem Anfeuern und dem eigentlichen Grillen genug Zeit habe, mein Bier zu trinken …«. Absolut konkrete Ratschläge kann es nicht geben, denn es sind immer ganz viele unterschiedliche Faktoren, die das große Ganze ausmachen.

DER PASSENDE WEIN

Hoch im Kurs beim BBQ steht Rosé, weil dieser Weintyp oft Frucht mit leichten Gerbstoffen kombiniert. Rieslinge sind mit ihrer meist markanten Säure keine Sparringspartner für Gegrilltes, dafür trumpfen weiße Burgundersorten mit ihrem Schmelz wesentlich besser auf. Rotwein geht nur für dunkles Fleisch? Das war früher mal, heute sieht man das anders. Und zu Recht – alkoholärmere Tropfen machen sich ebenso gut zu Fisch und Geflügel.

DAS PASSENDE BIER

Bier ist wunderbar, zumal es inzwischen herrliche Craftbiere gibt, die weit mehr Geschmack haben als die Massenware. Belgische Sauerbiere changieren zwischen fruchtigen Kirschnoten, merklichem Vanilletouch und einer erfrischenden Säuerlichkeit. Und deutsche IPAs erfreuen oft mit Zitrusaromen und viel Fülle im Mund. Als Richtlinie gilt: Je kräftiger die Würzmischung und je dunkler das Fleisch, vielleicht auch je intensiver die Grillsauce, desto kräftiger darf auch das Bier ausfallen. Unser Lachs von der Planke oder die Fischspieße mit Paprika und Ananas würden etwas Leichteres bevorzugen. Brisket und Rib Eye schreien nach Wumms.

NEUES WAGEN

Und es gibt ja noch mehr! Wir hatten schon Gin Tonic zur gegrillten Avocado oder einen Sherry zu den Süßkartoffeln mit Mangosalat. Diese ganze Palette von süß, herb, leichten Bitternoten und dann dem nicht zu forschen Alkohol auszuloten macht richtig Spaß.

BEGLEITER OHNE ALKOHOL

Auch bei Getränken ohne Alkohol lohnt Experimentierfreude. Cola schert jedes Essen über einen Kamm, Orangensaft auch. Fragen Sie beim Getränkehändler mal nach Manufaktur-Säften aus Trauben, nicht ganz so süß und fast schon mit den Geschmacksmerkmalen eines Weins. Überraschend und ein echter Tipp sind versektete Tees mit null Umdrehungen – sie sind ein irres Erlebnis zu mediterranen Hähnchenbrüsten oder Hähnchenleberspießen mit Marsala.

SÜSSKARTOFFELN MIT MANGOSALAT

SÜSSKARTOFFELN

2 große Süßkartoffeln (à 300 g)
1 Orange
2 TL Cajun-Gewürzmischung
1 EL Olivenöl
grobes Meersalz
Pfeffer

MANGOSALAT

1 Mango
1 Möhre
1 Stück Salatgurke (ca. 150 g)
10 Kirschtomaten
1 rote Chilischote
2 Frühlingszwiebeln
½ Bund Koriandergrün
1 Limette
2 EL Sesamöl
1 EL Fischsauce
2 EL Sojasauce
4 EL geröstete, ungesalzene Erdnuss-
   kerne

–

Für 2 Personen
40 Min. Zubereitung
Pro Portion ca. 685 kcal

1   Für die Süßkartoffeln den Grill auf 200° vorheizen, dabei eine Zone mit indirekter Hitze in Größe des Grillguts lassen. Süßkartoffeln unter fließend kaltem Wasser gründlich abbürsten. Dann längs halbieren und mit einem scharfen Messer in die Schnittflächen ein Rautenmuster einschneiden. Dabei darauf achten, dass die Schnitte bis fast zur Schale gehen, diese dabei aber möglichst nicht durchschneiden.

2   Den Orangensaft auspressen und mit Gewürzmischung, Öl und etwas Meersalz in einem Schälchen verrühren. Kartoffeln mit den Schnittflächen nach unten bei indirekter Hitze auf den Rost legen und ca. 30 Min. grillen. Dabei nach 15 Min. wenden und alle 5 Min. mit der Würzflüssigkeit bestreichen.

3   Inzwischen für den Salat die Mango schälen. Das Fruchtfleisch vom Stein schneiden, dann klein würfeln. Möhre putzen, schälen und in feine Streifen schneiden, z. B. mit dem Julienneschneider. Tomaten waschen und halbieren. Chili waschen, vom Stielansatz befreien, längs halbieren, entkernen und fein hacken. Frühlingszwiebeln putzen, waschen, in feine Ringe schneiden. Koriander waschen, trocken schleudern und grob hacken. Aus der Limette den Saft auspressen, mit Öl, Fisch- und Sojasauce verrühren.

4   Mango, Möhre, Tomaten, Chili, Frühlingzwiebeln und Koriander in einer Schüssel mit dem Dressing mischen. Kartoffeln mit Pfeffer würzen, mit dem Salat anrichten und alles mit Erdnüssen bestreuen.

Nur gut ausgereifte Mangos schmecken wirklich aromatisch und haben ein ausgewogenes Verhältnis von Süße und Säure – ein intensiver Mangoduft und ein leichtes Nachgeben des Fruchtfleischs bei Fingerdruck sind ein Hinweis auf reife Ware. Du hast nur eine noch harte Mango bekommen, aber noch ein wenig Zeit? Dann lass die Frucht nachreifen, indem du sie zusammen mit einem Apfel in Zeitungspapier einwickelst und bei Zimmertemperatur lagerst. Meist wird die Frucht dann nach zwei Tagen weich und reif sein.

GANZ KREATIV

CHICKENWINGS MIT ASIA-PESTO

CHICKENWINGS

1 Stück Ingwer (ca. 2,5 cm)
2 Knoblauchzehen
4 EL Hoisinsauce
1 EL scharfe Chilisauce
1 EL Sojasauce
1 EL Honig
Saft von ½ Zitrone
12 Hähnchenflügel

PESTO

6 Frühlingszwiebeln
2 grüne Chilischoten
1 Stängel Zitronengras
1 Stück Ingwer (ca. 2,5 cm)
2 Knoblauchzehen
1 Bund Basilikum
4 Stängel Thai-Basilikum (aus dem
    Asialaden)
½ Bund Koriandergrün
2 Bio-Limetten
1 EL Koriandersamen
ca. 4 EL Olivenöl
Salz | Pfeffer

—

Für 2 Personen
20 Min. Zubereitung
12 Std. Marinieren
40 Min. Garen
Pro Portion ca. 600 kcal

1 Für die Chickenwings Ingwer schälen und fein würfeln. Knoblauch schälen und sehr fein würfeln. In einer Schüssel Hoisinsauce, Chilisauce, Sojasauce, Honig und Zitronensaft verrühren. Hähnchenflügel waschen, trocken tupfen und mit Knoblauch und Ingwer zur Marinade geben. Alles gut mischen und abgedeckt ca. 12 Std. im Kühlschrank marinieren.

2 Für das Pesto die Frühlingszwiebeln putzen, waschen und grob schneiden. Chilischoten waschen, vom Stielansatz befreien und mit Kernen grob schneiden. Vom Zitronengras den untersten harten Strunk abschneiden und das äußerste Blatt entfernen, dann den Stängel sehr fein schneiden. Ingwer und Knoblauch schälen und sehr fein würfeln. Beide Basilikumsorten und Koriandergrün waschen, trocken schleudern und grob hacken. Limetten heiß waschen und trocken reiben, die Schale fein abreiben und den Saft auspressen. Koriandersamen mit einer Gewürzmühle oder im Mörser grob schroten. Die vorbereiteten Zutaten mit 4 EL Öl sowie etwas Salz und Pfeffer im Mixer oder mit dem Pürierstab zu einem cremigen Pesto verarbeiten, bei Bedarf noch etwas mehr Öl dazugeben.

3 Den Grill auf 200° vorheizen, dabei eine Zone mit indirekter Hitze in Größe des Fleisches lassen. Hähnchenflügel aus der Marinade nehmen und bei indirekter Hitze auf dem Rost ca. 40 Min. garen, währenddessen einmal wenden. Mit dem Pesto servieren.

Meine Zauberformel

für schnellen Genuss

Die Marinade ist sehr saftig und funktioniert klasse, weil über die lange Zeit viel Aroma ins Fleisch einziehen kann. Wem das zu lange dauert: Aus Öl und einer Gewürzmischung nach Wunsch ein »Coating« anrühren, dann kann das Grillen nach 15 Min. beginnen.

———

Meine fantastische Idee

für Reste

Natürlich wird das nun etwas mehr Pesto sein, als man für das Gericht benötigt. Es lässt sich jedoch in Eiswürfelbehälter gegossen toll einfrieren und ist universal einsetzbar: für Garnelen, zu Pasta – oder eben für die nächsten Chickenwings!

*Für extra Geschmack
und zarte Struktur*

★

MARINIEREN

DIE WIRKUNG VON MARINADEN

Mit dem Einlegen von Fleisch oder Fisch kann man ganz erstaunliche Ergebnisse erzielen. Einerseits geht es darum, einen tollen **Geschmack** zu erzielen, andererseits spielt eine Marinade aber auch eine wichtige Rolle für eine erwünschte Veränderung der Struktur. Doch wollen wir zunächst mal die grundsätzlichen Methoden anschauen, mit denen man Fleisch, Fisch oder auch Gemüse marinieren kann.

TROCKENMARINADEN

Da gibt es zum einen die Trockenmarinaden. Dafür werden **Kräuter** oder **Gewürze** mit etwas Öl zu einer geschmeidigen Paste angerührt, mit der das Grillgut dann rundum bestrichen wird. Ist das Grillgut robust genug, empfiehlt es sich für ein besonders aromatisches Ergebnis, die Trockenmarinade gut einzumassieren. Nach einer vergleichsweise kurzen Marinierzeit – meist wenige Minuten bis zu 2 Std. – kommt das Grillgut dann schon auf den Rost. Trockenmarinaden dienen mit ihrer kurzen Einlegezeit also lediglich zur reinen Würzung.

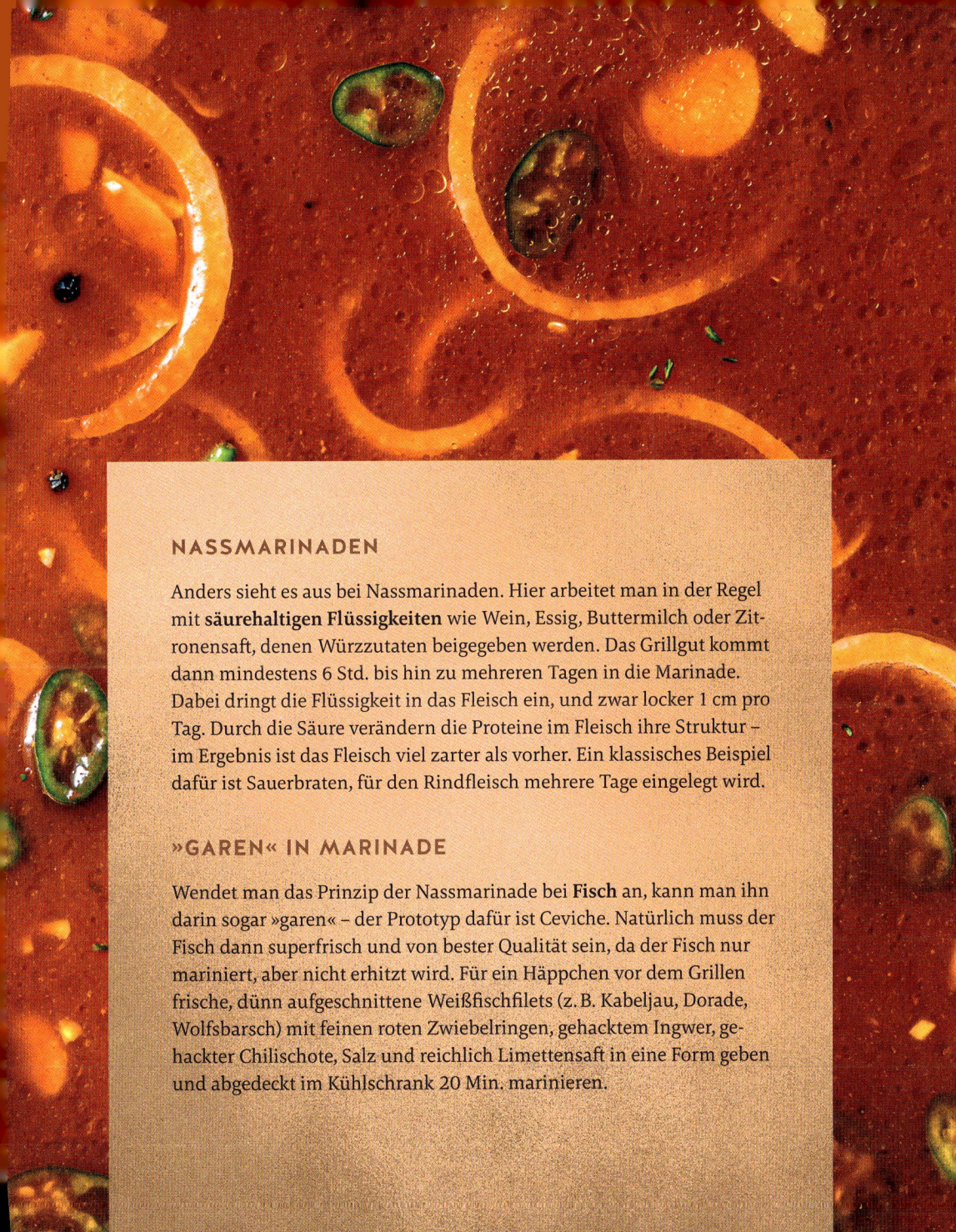

NASSMARINADEN

Anders sieht es aus bei Nassmarinaden. Hier arbeitet man in der Regel mit **säurehaltigen Flüssigkeiten** wie Wein, Essig, Buttermilch oder Zitronensaft, denen Würzzutaten beigegeben werden. Das Grillgut kommt dann mindestens 6 Std. bis hin zu mehreren Tagen in die Marinade. Dabei dringt die Flüssigkeit in das Fleisch ein, und zwar locker 1 cm pro Tag. Durch die Säure verändern die Proteine im Fleisch ihre Struktur – im Ergebnis ist das Fleisch viel zarter als vorher. Ein klassisches Beispiel dafür ist Sauerbraten, für den Rindfleisch mehrere Tage eingelegt wird.

»GAREN« IN MARINADE

Wendet man das Prinzip der Nassmarinade bei **Fisch** an, kann man ihn darin sogar »garen« – der Prototyp dafür ist Ceviche. Natürlich muss der Fisch dann superfrisch und von bester Qualität sein, da der Fisch nur mariniert, aber nicht erhitzt wird. Für ein Häppchen vor dem Grillen frische, dünn aufgeschnittene Weißfischfilets (z. B. Kabeljau, Dorade, Wolfsbarsch) mit feinen roten Zwiebelringen, gehacktem Ingwer, gehackter Chilischote, Salz und reichlich Limettensaft in eine Form geben und abgedeckt im Kühlschrank 20 Min. marinieren.

PLATTES HUHN UNTER DEM SALZSTEIN

1 Maispoularde (ca. 1,5 kg)
2 Knoblauchzehen
3 Zweige Oregano
6 Stängel glatte Petersilie
12 Basilikumblätter
1 Zitrone
2 EL Worcester-Sauce
1 EL Sojasauce
2 EL Apfelsaft
4 EL Olivenöl
2 EL Dijon-Senf
3 TL brauner Zucker
Salz
Pfeffer aus der Mühle

AUSSERDEM

1 Salzstein (aus dem Internethandel)
Fleischthermometer

–

Für 2 Personen
30 Min. Zubereitung
12 Std. Marinieren
1 Std. Garen
Pro Portion ca. 1 465 kcal

1 Die Maispoularde waschen und trocken tupfen. Mit der Brustseite nach unten auf ein Küchenbrett legen und mit einem scharfen Messer oder einer Geflügelschere das Rückgrat entfernen, indem man es links und rechts davon der Länge nach herausschneidet. Nun das Hähnchen umdrehen, ausbreiten und mit der flachen Hand kräftig nach unten drücken, sodass das Brustbein gebrochen wird und das Hähnchen flach auf dem Brett liegt.

2 Den Knoblauch schälen und fein würfeln. Oregano, Petersilie und Basilikum waschen und trocken schütteln. Vom Oregano die Blätter abzupfen. Alle Kräuter hacken. Aus der Zitrone den Saft auspressen. Die vorbereiteten Zutaten mit Worcester-Sauce, Sojasauce, Apfelsaft, Öl, Senf und Zucker in eine Schüssel geben. Mit 1 TL Salz und ½ TL Pfeffer würzen und alles gut zu einer Marinade verrühren. Die Poularde mit Marinade in eine Schüssel oder einen verschließbaren Beutel geben, gut darin wenden und ca. 12 Std. im Kühlschrank durchziehen lassen.

3 Den Grill auf 160° vorheizen, dabei eine Zone mit indirekter Hitze in Größe des Fleisches lassen. Hähnchen mit Marinade flach gedrückt in eine feuerfeste Form oder auf eine Plancha legen. Salzstein darauflegen. Das Fleischthermometer in das Brustfleisch einführen. Das Hähnchen bei geschlossenem Deckel und indirekter Hitze ca. 1 Std. garen, bis eine Kerntemperatur von ca. 75° erreicht ist.

ZWEIERLEI YAKITORI-SPIESSE

1 Schalotte
1 Knoblauchzehe
1 Stück Ingwer (ca. 3 cm)
50 ml helle Sojasauce
30 ml dunkle Sojasauce
50 ml Mirinsauce
50 ml Reiswein
200 g Hähnchenbrustfilet
4 Stängel Koriandergrün
Salz | Pfeffer
1 Eigelb (M)
2 dicke Frühlingszwiebeln
1 Hähnchenschenkel (küchenfertig
   ausgelöst)
4 mittelgroße Champignons
4 Bratpaprika (Pimientos de Padrón)

AUSSERDEM

4 Metallspieße (oder gewässerte Holzspieße)
–

Für 2 Personen
50 Min. Zubereitung
Pro Portion ca. 495 kcal

1   Den Grill auf 200° vorheizen, dabei eine Zone mit indirekter Hitze in Größe des Grillguts lassen. Schalotte und Knoblauch schälen und fein hacken. Den Ingwer schälen und in dünne Scheiben schneiden.

2   Schalotte, Knoblauch und Ingwer mit den beiden Sojasaucensorten, der Mirinsauce und dem Reiswein in einen Topf geben. Die Mischung auf dem Grill aufkochen und ca. 5 Min. köcheln lassen, dann durch ein Sieb in eine Schüssel umfüllen. Den Topf zur Hälfte mit Wasser befüllen und an den Rand des Grills stellen.

3   Die Hähnchenbrust mit einem großen, scharfen Messer wirklich sehr fein hacken. Das Koriandergrün abbrausen, trocken schütteln und ebenso fein hacken. Das Fleisch und den Koriander in eine Schüssel geben und mit Salz und Pfeffer würzen. Das Eigelb hinzufügen und alles gut durchmischen.

4   Aus dem Fleischteig mit angefeuchteten Händen acht gleich große Kugeln formen. Das Wasser im Topf aufkochen und leicht salzen. Die Fleischbällchen im siedenden Wasser 1 Min. blanchieren. Mit einem Schaumlöffel aus dem Topf heben, abtropfen lassen und auf einem Teller beiseitestellen.

5   Die Frühlingszwiebeln putzen, waschen und in 3 cm lange Stücke schneiden. Die Fleischbällchen und die Frühlingszwiebelstücke abwechselnd vorsichtig dicht nebeneinander auf 2 Spieße stecken.

6 Das Hähnchenschenkelfleisch waschen, trocken tupfen und in Würfel mit ca. 2 cm Kantenlänge schneiden. Die Champignons putzen. Die Bratpaprika waschen. Fleisch, Pilze und Paprika abwechselnd ebenfalls auf 2 Spieße ziehen.

7 Die Spieße auf einer Plancha oder auf dem Rost von allen Seiten bei indirekter Hitze in ca. 10 Min. gar grillen, dabei alle 2 Min. mit der Sauce bepinseln.

Mein magisches Geheimis
für mehr Aha

»Yakitori« bedeutet auf Japanisch ursprünglich »Gegrilltes Hähnchen«, doch wird inzwischen auch Rind, Lamm oder Fisch aufgesteckt, selbst Gemüse und Tofu laufen unter diesem Begriff. Wer mehr ausgeprägte Süße in der Sauce mag, gibt noch etwas Honig beim Aufkochen hinzu. Nicht aufgebrauchte Sauce kann man problemlos einfrieren.

HÄHNCHENLEBERSPIESSE MIT MARSALASAUCE

400 g Hähnchenlebern
1 rote Zwiebel
2 Knoblauchzehen
10 Salbeiblätter
2 EL Olivenöl
Salz | Pfeffer
80 ml Marsala

AUSSERDEM

4 Metallspieße (oder gewässerte Holz-
    spieße)

–

Für 2 Personen
30 Min. Zubereitung
Pro Portion ca. 355 kcal

1 Die Lebern in ein Sieb geben und unter fließend kaltem Wasser abbrausen, bis keine rot gefärbte Flüssigkeit mehr abläuft. Abtropfen lassen. Dann die Lebern auf einem Schneidebrett putzen, d. h. die sichtbaren Fettanteile und weißen Sehnen entfernen.

2 Die Zwiebel schälen, längs halbieren und quer in Scheiben schneiden. Den Knoblauch schälen und fein würfeln. Die Salbeiblätter waschen, trocken tupfen und grob hacken.

3 Den Grill auf 200° vorheizen. 1 EL Öl in einer Eisenpfanne erhitzen und die Zwiebel darin glasig anschwitzen. Den Knoblauch dazugeben, mit Salz und Pfeffer würzen, den Marsala angießen und den Salbei einstreuen. Auf indirekte Hitze ziehen.

4 Die Lebern auf die Spieße stecken und mit dem restlichen Olivenöl (1 EL) bepinseln. Bei direkter Hitze unter Wenden von allen Seiten 8 Min. grillen. Dann in die Pfanne legen und etwas nachziehen lassen, dabei mit der Sauce auch die obere Hälfte beträufeln. Dazu passt Baguette.

Meine Prise Magie

für eine Fruchtkomponente

Zwischen die Leberstücke Apfelstücke oder -scheiben in ähnlicher Größe auf die Spieße stecken. Die Äpfel sollten knackig und säurebetont sein.

GAMBAS IM BRIOCHE-BRÖTCHEN MIT PAPAYA

8 große Garnelen (ohne Kopf, mit
   Schale; küchenfertig)
1 EL Sesamöl
1 TL Chiliöl
1 kleine, reife Papaya
½ Limette
2 EL Mayonnaise
5 Schnittlauchhalme
1 Handvoll Pflücksalat (Sorte nach
   Belieben)
1 TL Sesam
2 Burgerbrötchen »Brioche«
Salz | Pfeffer

–

Für 2 Personen
30 Min. Zubereitung
Pro Portion ca. 510 kcal

1 Die Garnelen schälen und prüfen, ob überall der Darm entnommen wurde, ansonsten diesen noch herausziehen. Dann waschen, trocken tupfen und in eine Schüssel geben. Sesam- und Chiliöl hinzufügen, mischen und abgedeckt ca. 10 Min. (oder auch mehrere Stunden im Kühlschrank) durchziehen lassen.

2 Inzwischen die Papaya der Länge nach halbieren und mit einem Löffel die dunklen Kerne herausschaben. Dann schälen und vom Fruchtfleisch quer vier Scheiben abschneiden (den Rest anderweitig verwenden, z. B. für einen Obstsalat). Aus der Limettenhälfte den Saft auspressen und mit der Mayonnaise verrühren. Den Schnittlauch waschen, trocken schütteln und in feine Röllchen schneiden. Den Salat waschen und trocken schleudern.

3 Den Grill auf 200° vorheizen. Garnelen auf einer Plancha oder in einer Eisenpfanne maximal 4 Min. grillen, dabei nach der Hälfte der Garzeit wenden und mit Sesam bestreuen. Parallel die Brötchen quer halbieren und mit den Schnittflächen nach unten auf den Rost legen.

4 Garnelen und Brötchen vom Rost nehmen. Die Brötchenunterhälften jeweils mit der Hälfte der Mayonnaise bestreichen und nach Belieben mit Salat belegen. Je zwei Papayascheiben darauflegen und die Garnelen darauf verteilen. Mit Salz und Pfeffer würzen und mit Schnittlauch bestreuen. Mit den Brötchenoberhälften abdecken.

IT'S MAGIC!

Papayakerne sind viel zu schade zum Wegwerfen. Lieber vorsichtig von allem Fruchtfleisch befreien und bei maximal 55° im Backofen über mehrere Stunden hinweg trocknen – das ergibt ein herrlich pfeffriges Gewürz und ist obendrein noch megagesund durch das Superenzym Papain. Aus dem restlichen Papayafruchtfleisch einen Obstsalat zaubern: Dazu mit einer Mischung aus etwas Zitronensaft und Honig marinieren und mit gerösteten Erdnusskernen vermischen.

GEGRILLTE AVOCADO MIT TOMATEN-PAPRIKA-SALAT

400 g Tomaten
1 gelbe Paprika
2 Frühlingszwiebeln
1 Knoblauchzehe
8 Basilikumblätter
1 Zitrone
3 EL Olivenöl
Chili aus der Mühle
Salz | Pfeffer
2 Avocados
–

Für 2 Personen
20 Min. Zubereitung
Pro Portion ca. 570 kcal

Den Avocadostein entfernt man sehr leicht, indem man ein scharfes Messer hineindrückt und den Stein nach links oder rechts dreht. Er hebt sich dann wie von Zauberhand selbst heraus.

1 Die Tomaten waschen und in kleine Würfel schneiden, dabei den Stielansatz entfernen. Die Paprika waschen, längs halbieren, entkernen und in feine Würfel schneiden. Die Frühlingszwiebeln putzen, waschen und in feine Ringe schneiden. Den Knoblauch schälen und sehr fein würfeln. Die Basilikumblätter waschen, trocken tupfen und hacken. Aus der Zitrone den Saft auspressen.

2 Die vorbereiteten Zutaten mit dem Olivenöl in eine Schüssel geben und alles vermischen. Mit Chili aus der Mühle, Salz und Pfeffer kräftig abschmecken.

3 Den Grill auf 180° vorheizen, dabei eine Zone mit indirekter Hitze in Größe des Grillguts lassen. Die Avocados einmal rund um die Längsachse bis auf den Kern einschneiden. Die Hälften auseinanderdrehen und jeweils den Kern entfernen.

4 Die vier Hälften mit den Schnittflächen nach unten auf den Rost oder auf eine Grillschale legen und auf indirekter Hitze 3–4 Min. grillen. Vom Grill nehmen und jeweils etwas Tomaten-Paprika-Salat in die Vertiefungen der Kerne füllen. Restlichen Salat dazu reichen. Dazu passt Baguette.

Meine Zauberformel

für mehr Geschmack

Als ein echter Umami-
Booster im Salat fungie-
ren 3–4 in Öl eingelegte
getrocknete Tomaten
und 2 Sardellen.

———

Meine Prise Magie

fürs Auge

Sie möchten noch mehr
Farbe in dieses ohnehin
schon bunte Spektakel
bringen? Dann schnei-
den Sie doch in den Salat
noch kleine Würfel von
Büffel-Mozzarella oder
Feta! Wer es salzig-würzig
mag, für den wäre eine
Füllung mit Oliven und
Zwiebeln genau richtig.

Register

A/B

Ananas: Fischspieße mit Paprika und
Ananas 38

Avocado: Gegrillte Avocado mit Tomaten-
Paprika-Salat 58

Bohnen: Schweinefilet in Speck mit
Bohnen 32
Brisket butterzart 12

Burger
Gambas im Briochebrötchen mit
Papaya 56
Rib-Eye-Steak im Brötchen 8
Wildburger mit Koriandergrün 28

C

Chickenwings mit Asia-Pesto 46

Chili
Chickenwings mit Asia-Pesto 46
Gambas im Briochebrötchen mit
Papaya 56
Gegrillte Avocado mit Tomaten-Paprika-
Salat 58
Hähnchenspieße mit Limette und
Erdnussdip 34
Süßkartoffeln mit Mangosalat 42
Türkische Hackbällchen 26

F/G

Fenchel mit Rosinen und Agavensirup 22

Fischspieße mit Paprika und Ananas 38

Gambas im Briochebrötchen mit
Papaya 56

Gegrillte Avocado mit Tomaten-Paprika-
Salat 58

Gurke
Süßkartoffeln mit Mangosalat 42
Wildburger mit Koriandergrün 28

H

Hackfleisch
Türkische Hackbällchen 26
Wildburger mit Koriandergrün 28

Hähnchen
Chickenwings mit Asia-Pesto 46
Hähnchenleberspieße mit
Marsalasauce 54
Hähnchenspieße mit Limette und
Erdnussdip 34
Plattes Huhn unter dem Salzstein 50
Zweierlei Yakitori-Spieße 52

K/L

Kalb
Kalbsrouladen mit Sardellen und
Kapern 30
Saltimbocca doppelt verfeinert 36

Käse
Kalbsrouladen mit Sardellen und
Kapern 30
Rib-Eye-Steak im Brötchen 8

Lachs
Fischspieße mit Paprika und Ananas 38
Lachs von der Planke mit Pomelo 20

Lammkarree 16

Leber: Hähnchenleberspieße mit
Marsalasauce 54

M

Mandeln: Fenchel mit Rosinen und
Agavensirup 22

Mango: Süßkartoffeln mit Mangosalat 42

Marsala: Hähnchenleberspieße mit
Marsalasauce 54

Mirinsauce: Zweierlei Yakitori-Spieße 52

Möhre: Süßkartoffeln mit Mangosalat 42

O/P

Orange: Süßkartoffeln mit Mangosalat   42

Papaya: Gambas im Briochebrötchen mit
Papaya   56

Paprika
Fischspieße mit Paprika und Ananas   38
Gegrillte Avocado mit Tomaten-Paprika-
Salat   58
Zweierlei Yakitori-Spieße   52

Pilze
Wildburger mit Koriandergrün   28
Zweierlei Yakitori-Spieße   52

Plattes Huhn unter dem Salzstein   50

Pomelo: Lachs von der Planke mit
Pomelo   20

R

Rack vom Iberico   18

Rib-Eye-Steak im Brötchen   8

Rind
Brisket butterzart   12
Rib-Eye-Steak im Brötchen   8
Tomahawk mit Grilltomaten   10

Türkische Hackbällchen   26

Rosinen: Fenchel mit Rosinen und
Agavensirup   22

Rosmarin
Lammkarree   16
Rack vom Iberico   18
Schweinefilet in Speck mit Bohnen   32

S

Saltimbocca doppelt verfeinert   36

Sardellen: Kalbsrouladen mit Sardellen
und Kapern   30

Schafskäse: Türkische Hackbällchen   26

Schinken: Saltimbocca doppelt
verfeinert   36
Schweinefilet in Speck mit Bohnen   32

Schwein
Rack vom Iberico   18

Schweinefilet in Speck mit Bohnen   32
Wildburger mit Koriandergrün   28

Sesam: Gambas im Briochebrötchen mit
Papaya   56

Speck
Saltimbocca doppelt verfeinert   36
Schweinefilet in Speck mit Bohnen   32

Spieße
Fischspieße mit Paprika und Ananas   38
Hähnchenleberspieße mit
Marsalasauce   54
Hähnchenspieße mit Limette und
Erdnussdip   34
Zweierlei Yakitori-Spieße   52

Steak
Rib-Eye-Steak im Brötchen   8
Tomahawk mit Grilltomaten   10

Süßkartoffeln mit Mangosalat   42

T

Teriyaki-Sauce: Fischspieße mit Paprika
und Ananas   38

Tomate
Lachs von der Planke mit Pomelo   20
Süßkartoffeln mit Mangosalat   42
Tomahawk mit Grilltomaten   10
Wildburger mit Koriandergrün   28

Türkische Hackbällchen   26

V/W

Vegetarisch
Fenchel mit Rosinen und
Agavensirup   22
Gegrillte Avocado mit Tomaten-Paprika-
Salat   58
Süßkartoffeln mit Mangosalat   42

Wildburger mit Koriandergrün   28

Z

Zucchino: Saltimbocca doppelt
verfeinert   36

Zweierlei Yakitori-Spieße   52

AUTOR UND FOTOGRAF

Dieses wunderbaren Grillbuches

MATTHIAS F. MANGOLD

... widmet sich mit Vorliebe allen kulinarischen Genüssen. Er betreibt in der Pfalz sein Unternehmen „genusstur" mit Kochkursen und Weinseminaren, ist Chefredakteur des VINUM Weinguide und erhielt für seine Kochbücher bereits mehrfache Auszeichnungen, darunter den Deutschen Kochbuchpreis und den ITB Award der Deutschen Tourismusbörse. Sein Hauptaugenmerk bei den Rezepten gilt immer der Nachvollziehbarkeit.

WOLFGANG SCHARDT

... kann seine Liebe für Essen und Trinken beruflich ausleben: In seinem Studio in Hamburg fotografiert er vor allem Food, Stills und Interieur für Magazine, Verlage und Werbung. Sein Team für die magischen Fotos dieses Buchs: Adam Koor (Foodstyling) und Maik Sieger (Assistenz).

www.wolfgangschardt.com

APPETIT AUF MEHR?

ISBN 978-3-8338-8449-8

ISBN 978-3-8338-8444-3

ISBN 978-3-8338-8453-5

ISBN 978-3-8338-1863-9

ISBN 978-3-8338-6975-4

ISBN 978-3-8338-7950-0

Alle hier vorgestellten Bücher
sind auch als eBook erhältlich.

Impressum

© 2022 GRÄFE UND UNZER VERLAG GmbH, Postfach 860366, 81630 München

GU ist eine eingetragene Marke der GRÄFE UND UNZER VERLAG GmbH, www.gu.de

ISBN 978-3-8338-8446-7
1. Auflage 2022

Projektleitung: Linh Nguyen
Lektorat: Karin Kerber
Korrektorat: Waltraud Schmidt
Umschlaggestaltung und Layout: ki36 Editorial Design, Sabine Krohberger, München
Herstellung: Petra Roth
Satz: Reemers Publishing Services GmbH
Reproduktion: Medienprinzen GmbH, München
Druck und Bindung: Firmengruppe APPL, aprinta druck, Wemding
Printed in Germany

Bildnachweis:
Julia Hoersch: Coverfoto und Still auf S. 62
Wolfgang Schardt: alle Fotos im Innenteil
Noun Project: Piktogramme S. 04-05, 15 und 41

Umwelthinweis:
Nachhaltigkeit ist uns sehr wichtig. Der Rohstoff Papier ist in der Buchproduktion hierfür von entscheidender Bedeutung. Daher ist dieses Buch auf PEFC-zertifiziertem Papier gedruckt. PEFC garantiert, dass ökologische, soziale und ökonomische Aspekte in der Verarbeitungskette unabhängig überwacht werden und lückenlos nachvollziehbar sind.

Syndication: www.seasons.agency

Die GU-Homepage finden Sie unter www.gu.de

LIEBE LESERINNEN UND LESER,

wir wollen Ihnen mit diesem Buch Informationen und Anregungen geben, um Ihnen das Leben zu erleichtern oder Sie zu inspirieren, Neues auszuprobieren. Wir achten bei der Erstellung unserer Bücher auf Aktualität und stellen höchste Ansprüche an Inhalt und Gestaltung. Alle Anleitungen und Rezepte werden von unseren Autoren, jeweils Experten auf ihren Gebieten, gewissenhaft erstellt und von unseren Redakteur*innen mit größter Sorgfalt ausgewählt und geprüft.

Haben wir Ihre Erwartungen erfüllt? Sind Sie mit diesem Buch und seinen Inhalten zufrieden? Wir freuen uns auf Ihre Rückmeldung. Und wir freuen uns, wenn Sie diesen Titel weiterempfehlen, in Ihrem Freundeskreis oder bei Ihrem Online-Kauf.

Sollten wir Ihre Erwartungen so gar nicht erfüllt haben, tauschen wir Ihnen Ihr Buch jederzeit gegen ein gleichwertiges zum gleichen oder ähnlichen Thema um.

KONTAKT ZUM LESERSERVICE

GRÄFE UND UNZER VERLAG
Grillparzerstraße 12
81675 München
www.gu.de

GRÄFE UND UNZER

Ein Unternehmen der
GANSKE VERLAGSGRUPPE